Lucy Rowland et Aki

10 chatons FRIPONS

Larousse Jeunesse

Le soleil s'est levé,
la journée a commencé.
Dix chatons fripons
descendent l'escalier.

Tu veux jouer avec eux ?
Ils ont envie de s'amuser.
Alors ouvre bien les yeux.
À toi de les retrouver !

Dix chatons fripons font des bonds
et courent partout dans la maison.

Sur le fauteuil, derrière le canapé…
Mais qui est là-haut en train de se balancer ?

Je te vois,
petit chat !

Dix chatons fripons partent à l’aventure.
Dans la montagne, ça grimpe dur !
À tricycle, à vélo, en rollers,
chacun avance comme il peut.

Mais qui est le fripon
qui a perdu son pneu ?

Dix chatons fripons sont au supermarché.
Par ici les croquettes, les sardines
et le lait !

Mais entre les choux-fleurs et les piments,
as-tu repéré le plus gourmand ?

Je te vois,
petit chat !

Dix chatons fripons ont sorti leurs cerfs-volants.

Regarde-les voltiger,

portés par le vent !

Ça souffle, il faut bien s'accrocher !

Qui tient le fil du cerf-volant rayé ?

Je te vois,

petit chat !

Dix chatons fripons font de la pâtisserie.
Ils vont nous préparer de délicieux biscuits.

De la farine, des œufs, du sucre, du lait chaud…
mais oh ! Qui est tombé dans la pâte à gâteau ?

Je te vois,
petit chat !

Chut… à présent, place à la lecture !
Ici, il y a des livres plein les murs.

Pour grimper partout, on ne fait pas mieux…
Qui donc s'est perché sur le grand livre bleu ?

Je te vois,
petit chat !

Dix chatons fripons jouent sous la pluie.
Flic-flac : dans les bois, ça fait
une jolie mélodie.

Quelle joie de s'éclabousser : **splish-splash** !
Mais qui a glissé et devra se laver
les moustaches ?

Je te vois,

petit chat !

Dix chatons fripons sont au verger
pour récolter les bons fruits de l’été.

Pommes, pêches, poires, abricots sucrés…
Lequel va dévaliser le cerisier ?

Je te vois,
petit chat !

Dix chatons fripons vont à la foire.
Les lampions brillent dans l'air du soir !

Regarde-les prendre du bon temps !
Lequel glisse sur le grand toboggan ?
Je te vois,
petit chat !

La journée est presque terminée.
Il est l'heure de rentrer se coucher.

Dans le bus, certains continuent à s'amuser…
Mais vois-tu celui qui a déjà piqué du nez ?

Dix chatons fripons fatigués te disent bonne nuit,
en ronronnant, gentiment blottis.

Essaye de les compter, de 1 à 10...
Puis file toi aussi te glisser dans ton lit !

1
2
5
MILK
7
8